Impressum
Verlag: BABADADA GmbH, Nedderfeld 112 , 22529 Hamburg
Geschäftsführer / Verlagsleitung: Harald Hof
Druck: Books on Demand GmbH, In de Tarpen 42, 22848 Norderstedt

Imprint
Publisher: BABADADA GmbH, Nedderfeld 112 , 22529 Hamburg, Germany
Managing Director / Publishing direction: Harald Hof
Print: Books on Demand GmbH, In de Tarpen 42, 22848 Norderstedt

1

school

école

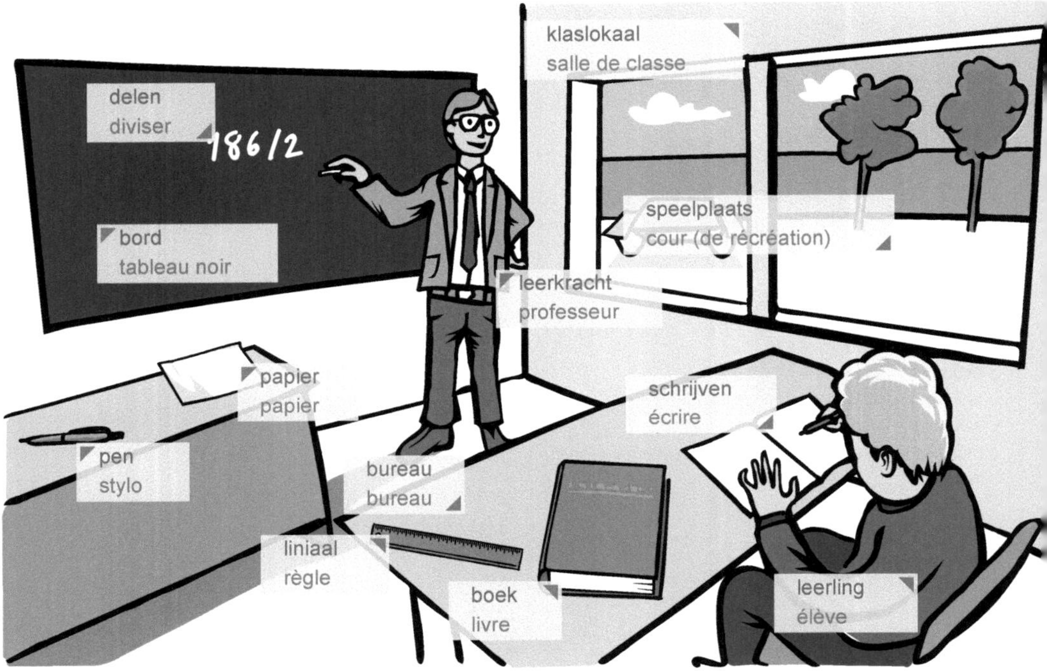
klaslokaal
salle de classe
delen
diviser
186/2
bord
tableau noir
speelplaats
cour (de récréation)
leerkracht
professeur
papier
papier
schrijven
écrire
pen
stylo
bureau
bureau
liniaal
règle
boek
livre
leerling
élève

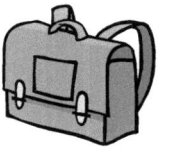

schooltas

cartable

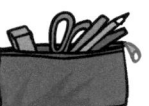

pennenzak

trousse

potlood

crayon

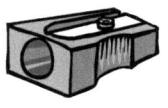

puntenslijper

taille-crayon

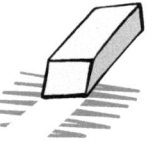

gom

gomme

tekenblok

carnet à dessin

tekening

dessin

verfborstel

pinceau

verfdocs

boîte de pe nturə

schaar

ciseaux

lijm

colle

werkboek

cahier d'exercices

huiswerk

devoirs

nummer

chiffre

optellen

additionr er

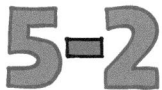

aftrekken

soustraire

vermenigvuldigen

multiplier

rekenen

calcule⁻

letter

lettre

alfabet

alphabet

woord

mot

tekst

texte

Lezen

lire

krijt

craie

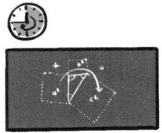

les

leçon

klassenboek

livre de classe

examen

examen

certificaat

certificat

schooluniform

uniforme scolaire

onderwijs

formation

encyclopedie

lexique

universiteit

université

microscoop

microscope

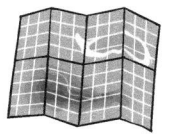

kaart

carte

papiermand

corbeille à papier

reis

voyage

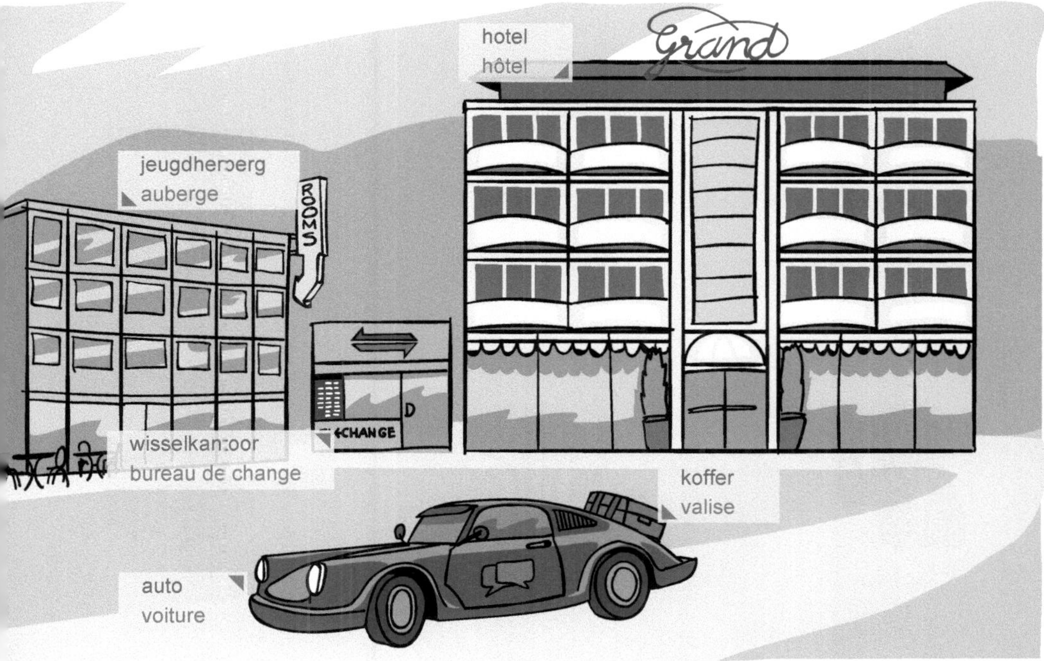
hotel
hôtel
Grand
jeugdherberg
auberge
ROOMS
wisselkantoor
bureau de change
CHANGE
koffer
valise
auto
voiture

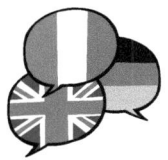

Taal

langue

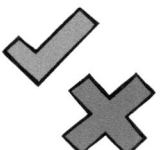

ja / nee

oui / non

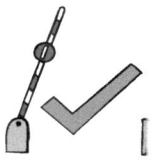

oké

d'accord

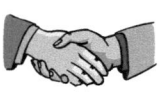

hallo

Salut

vertaler

interprète

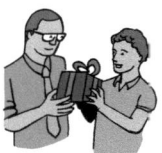

bedankt

merci

Hoeveel kost ...?

Combien coûte...?

Ik begrijp het niet

Je ne comprends pas

probleem

problème

Goedenavond!

Bonsoir !

Goedemorgen!

Bonjour !

Goedenavond!

Bonne nuit !

Tot ziens

Au revoir

richting

direction

bagage

bagages

zak

sac

rugzak

sac-à-dos

gast

hôte

kamer

pièce

slaapzak

sac de couchage

tent

tente

toeristeninformatie

office de tourisme

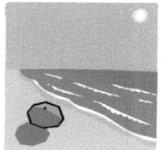

strand

plage

kredietkaart

carte de crédit

ontbijt

petit-déjeuner

lunch

déjeuner

avondeten

dîner

ticket

billet

lift

ascenseur

postzegel

timbre

grens

frontière

douane

douane

ambassadə

ambassadə

visum

visa

paspoort

passeport

transport

transport

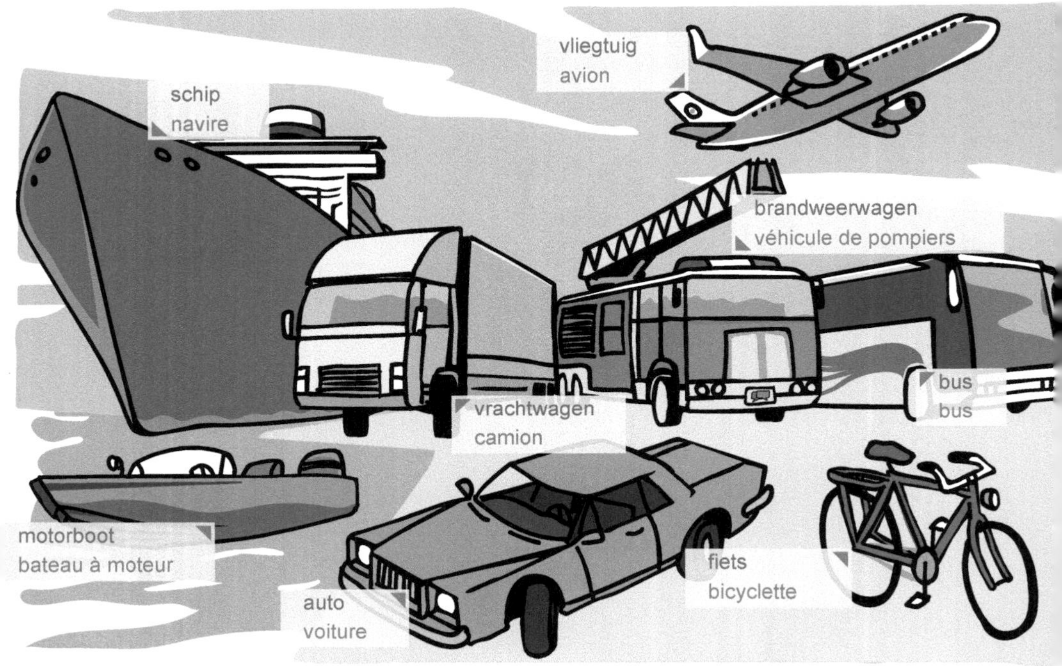
vliegtuig
avion
schip
navire
brandweerwagen
véhicule de pompiers
bus
bus
vrachtwagen
camion
motorboot
bateau à moteur
fiets
bicyclette
auto
voiture

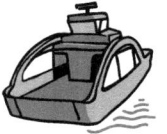

veerboot

ferry

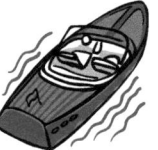

boot

barque

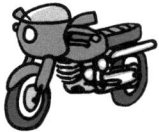

motor

moto

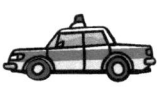

politiewagen

voiture de police

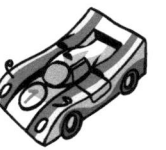

racewagen

voiture de course

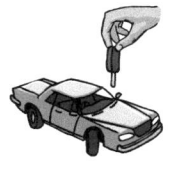

huurauto

voiture de location

carpoolen

auto-partage

sleepwagen

voiture de remorquage

vuilniswagen

benne à ordures

motor

moteur

benzine

essence

benzinestation

station d'essence

verkeersbord

panneau indicateur

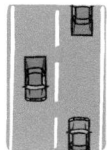

verkeer

trafic

file

embouteillage

parkeerplaats

parking

station

gare

sporen

rails

trein

train

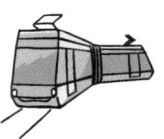

tram

tramway

wagon

wagon

helikopter

hélicoptère

luchthaven

aéroport

toren

tour

passagier

passager

container

conteneur

karton

carton

kar

chariot

mand

corbeille

opstijgen / landen

décoller / atterrir

stad

ville

dorp

village

stadscentrum

centre-ville

huis

maison

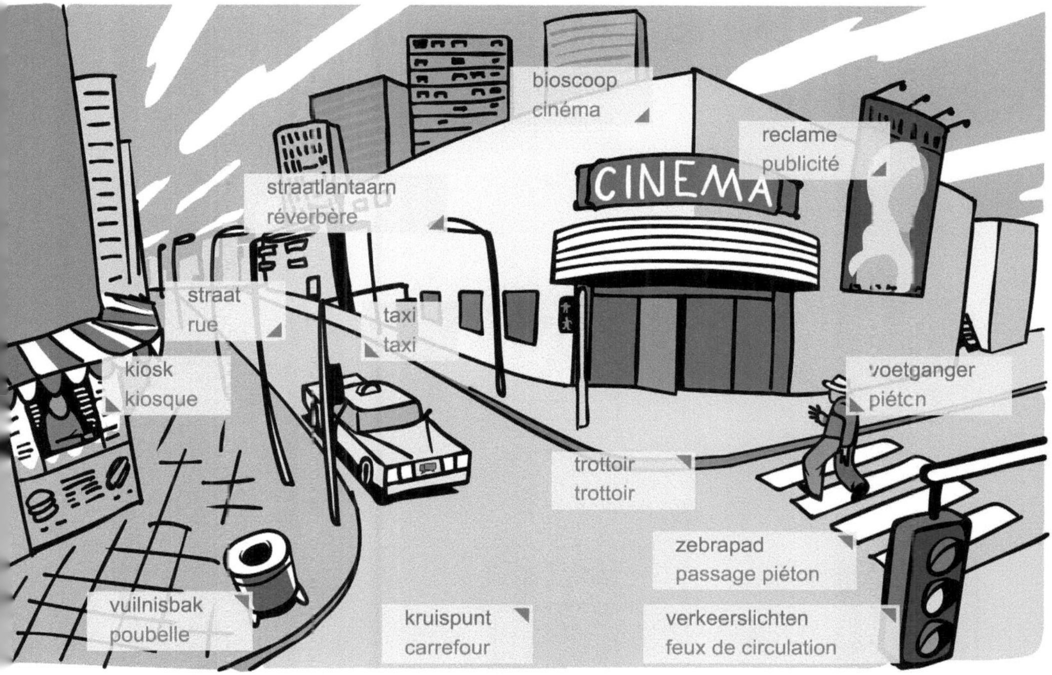
bioscoop
cinéma
CINEMA
reclame
publicité
straatlantaarn
réverbère
straat
rue
taxi
taxi
kiosk
kiosque
voetganger
piéton
trottoir
trottoir
zebrapad
passage piéton
vuilnisbak
poubelle
kruispunt
carrefour
verkeerslichten
feux de circulation

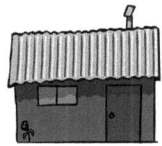

hut
....
cabane

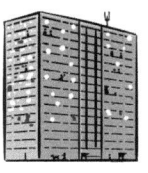

woning
....
appartement

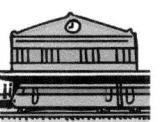

station
....
gare

stadshuis
....
mairie

MUSEUM

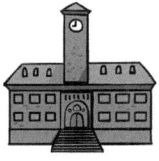

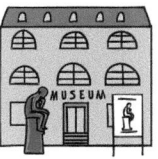

museum
....
musée

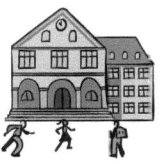

school
....
école

universiteit
université

bank
banque

ziekenhuis
hôpital

hotel
hôtel

apotheek
pharmacie

kantoor
bureau

boekwinkel
librairie

winkel
magasin

bloemenwinkel
fleuriste

supermarkt
supermarché

markt
marché

warenhuis
grand magasin

vishandelaar
poissonnerie

winkelcentrum
centre commercial

haven
port

park
parc

bank
banque

brug
pont

trap
escaliers

metro
métro

tunnel
tunnel

bushalte
arrêt de bus

bar
bar

restaurant
restaurant

brievenbus
boîte à lettres

straatnaambord
panneau indicateur

parkeermeter
parcmètre

zoo
zoo

zwembad
piscine

moskee
mosquée

boerderij

ferme

milieuverontreiniging

pollution

kerkhof

cimetière

kerk

église

speelplaats

aire de jeux

tempel

temple

landschap

paysage

blad
feuille

wegwijzer
panneau indicateur

weg
chemin

weide
pré

steen
pierre

wandelaar
randonneur

boom
arbre

rivier
rivière

gras
herbe

bloem
fleur

vallei

vallée

heuvel

montagne

meer

lac

bos

forêt

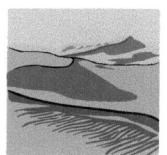

woestijn

désert

vulkaan

volcan

kasteel

château

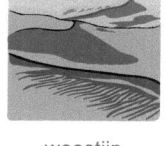

regenboog

arc-en-ciel

paddenstcel

champignon

palmboom

palmier

mug

moustique

vlieg

mouche

mier

fourmis

bijl

abeille

spin

araignée

kever

coléoptère

kikker

grenouille

eekhoorn

écureuil

egel

hérisson

haas

lièvre

uil

chouette

vogel

oiseau

zwaan

cygne

wild zwijn

sanglier

hert

cerf

eland

élan

dam

barrage

windturbine

éolienne

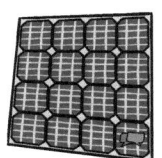

zonnepaneel

panneau solaire

klimaat

climat

restaurant
restaurant

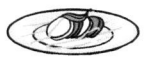

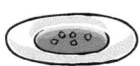

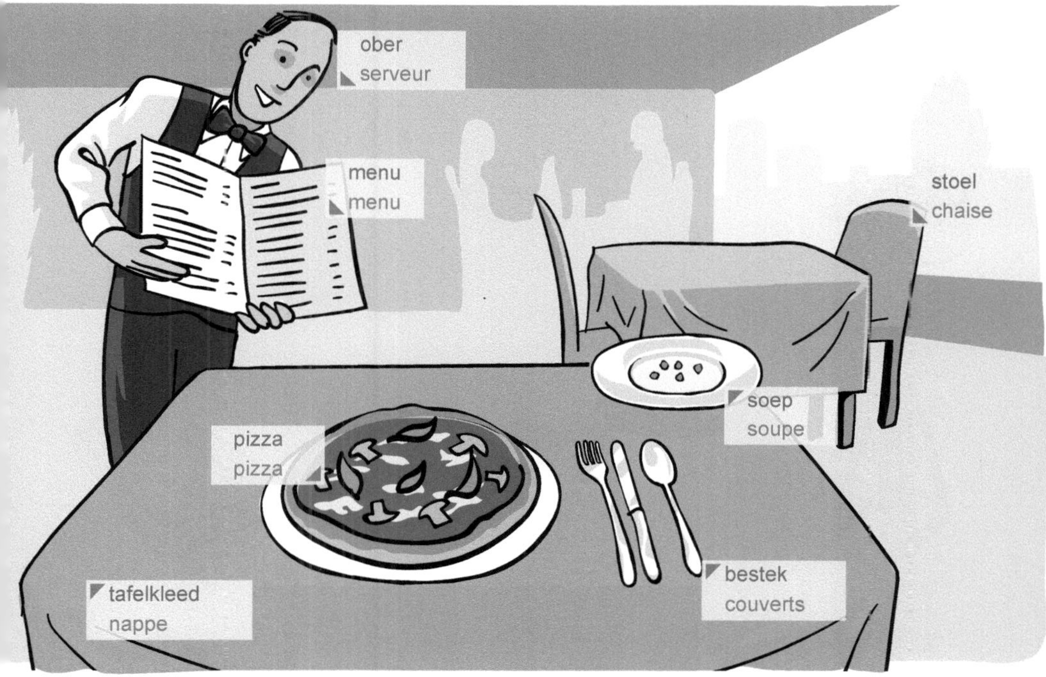
ober
serveur
menu
menu
stoel
chaise
soep
soupe
pizza
pizza
tafelkleed
nappe
bestek
couverts

voorgerecht

hors d'œuvre

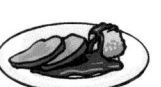

hoofdgerecht

plat principal

nagerecht

dessert

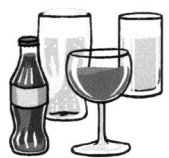

drankjes

boissons

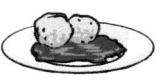

eten

alimentation

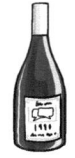

fles

bouteille

fastfood
fast-food

street food
plats à emporter

theepot
théière

suikerpot
sucrier

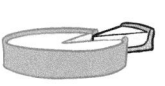

portie
portion

espressomachine
machine à expresso

kinderstoel
chaise haute

rekening
facture

dienblad
plateau

mes
couteau

vork
fourchette

lepel
cuillère

theelepel
cuillère à thé

serviette
serviette

glas
verre

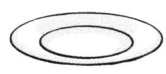

bord
assiette

soepbord
assiette à soupe

schoteltje
soucoupe

saus
sauce

zoutvatje
salière

pepermolen
moulin à poivre

azijn
vinaigre

olie
huile

kruiden
épices

ketchup
ketchup

mosterd
moutarde

mayonaise
mayonnaise

supermarkt

supermarché

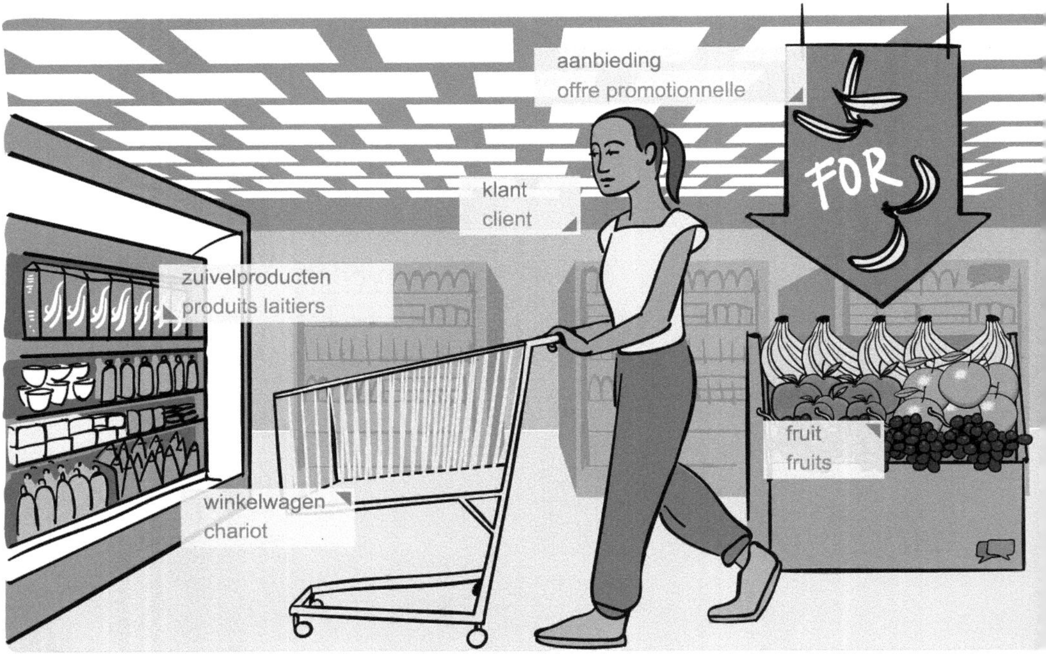

aanbieding
offre promotionnelle
FOR
klant
client
zuivelproducten
produits laitiers
fruit
fruits
winkelwagen
chariot

BUTCHERS

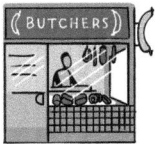

slagerij

boucherie

BAKERY

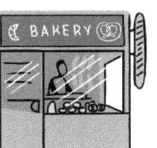

bakkerij

boulangerie

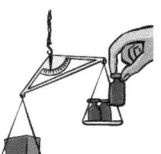

wegen

peser

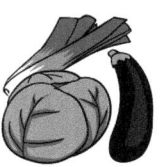

groenten

légumes

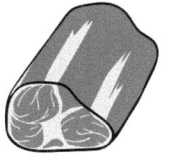

vlees

viande

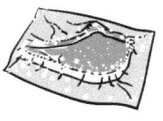

diepvriesvoedsel

aliments surgelés

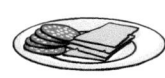

charcuterie
charcuterie

conserven
conserves

waspoeder
poudre à lessive

snoep
bonbons

huishoudproducten
articles ménagers

schoonmaakproducten
détergents

verkoopster
vendeuse

kassa
caisse

kassier
caissier

boodschappenlijstje
liste d'achats

openingstijden
heures d'ouverture

portefeuille
portefeuille

kredietkaart
carte de crédit

tas
sac

plastieken zakje
sac en plastique

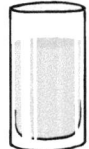

water
eau

sap
jus de fruit

melk
lait

cola
coca

wijn
vin

bier
bière

alcohol
alcool

cacao
chocolat chaud

thee
thé

koffie
café

espresso
expresso

cappuccino
cappuccino

banaan
banane

appel
pomme

sinaasappel
orange

meloen
melon

citroen
citron

wortel
carotte

knoflook
ail

bamboe
bambou

ajuin
oignon

champignon
champignon

noten
noisettes

noodles
pâtes

spaghetti

spaghetti

rijst

riz

salade

salade

frieten

pommes frites

gebakken aardappelen

pommes de terre rôties

pizza

pizza

hamburger

hamburger

sandwich

sandwich

kalfslapje

escalope

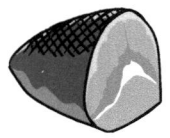

ham

jambon

salami

salami

worst

saucisse

kip

poulet

braden

rôti

vis

poisson

havervlokken

flocons d'avoine

muesli

muesli

cornflakes

cornflakes

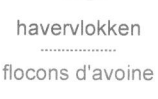

bloem

farine

croissant

croissant

pistolet

petits-pains

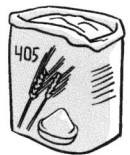

brood

pain

toast

pain grillé

koekjes

biscuits

boter

beurre

kwark

le fromage blanc

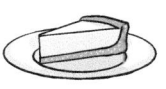

taart

gâteau

ei

œuf

spiegelei

œuf au plat

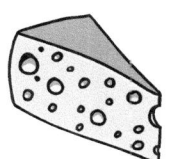

kaas

fromage

ijs

glace

suiker

sucre

honing

miel

confituur

confiture

choco

crème nougat

curry

curry

boerderij
ferme

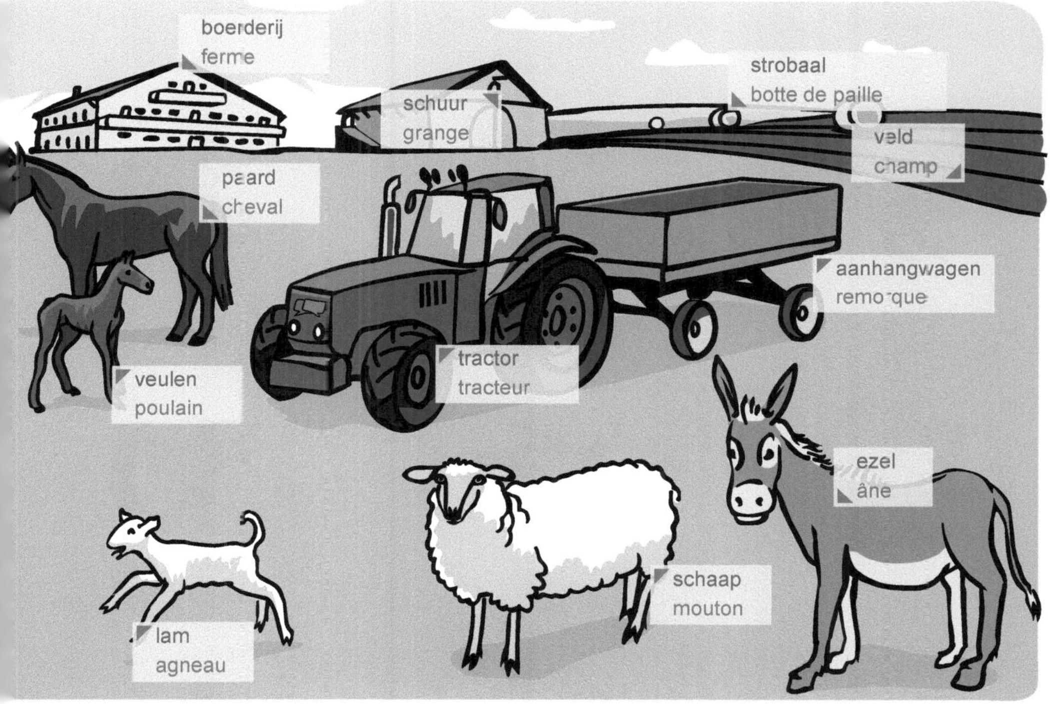

boerderij
ferme
schuur
grange
strobaal
botte de paille
veld
champ
paard
cheval
aanhangwagen
remorque
veulen
poulain
tractor
tracteur
ezel
âne
schaap
mouton
lam
agneau

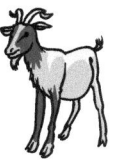

geit
chèvre

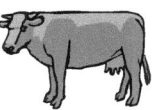

koe
vache

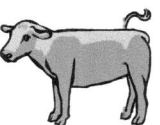

kalf
veau

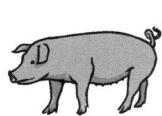

varken
porc

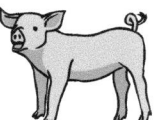

biggetje
porcelet

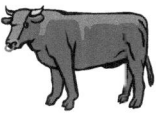

stier
taureau

gans
oie

eend
canard

kuiken
poussin

kip
poule

haan
coq

rat
rat

kat
chat

muis
souris

os
bœuf

hond
chien

hondenhok
chenil

tuinslang
tuyau de jardin

gieter
arrosoir

zeis
faucheuse

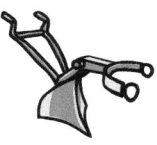

ploeg
charrue

sikkel

faucille

schoffel

pioche

hooivork

fourche

bijl

hache

kruiwagen

brouette

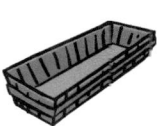

trog

cuve

melkkan

pot à lait

zak

sac

hek

clôture

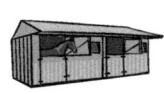

stal

étable

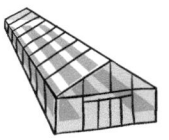

broeikas

serre

bodem

sol

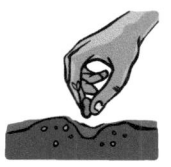

zaad

semences

mest

engrais

maaidorser

moissonneuse-batteuse

oogsten
récolter

oogst
récolte

yam
igname

tarwe
blé

soja
soja

aardappel
pomme de terre

maïs
maïs

koolzaad
colza

fruitboom
arbre fruitier

maniok
manioc

graan
céréales

huis
maison

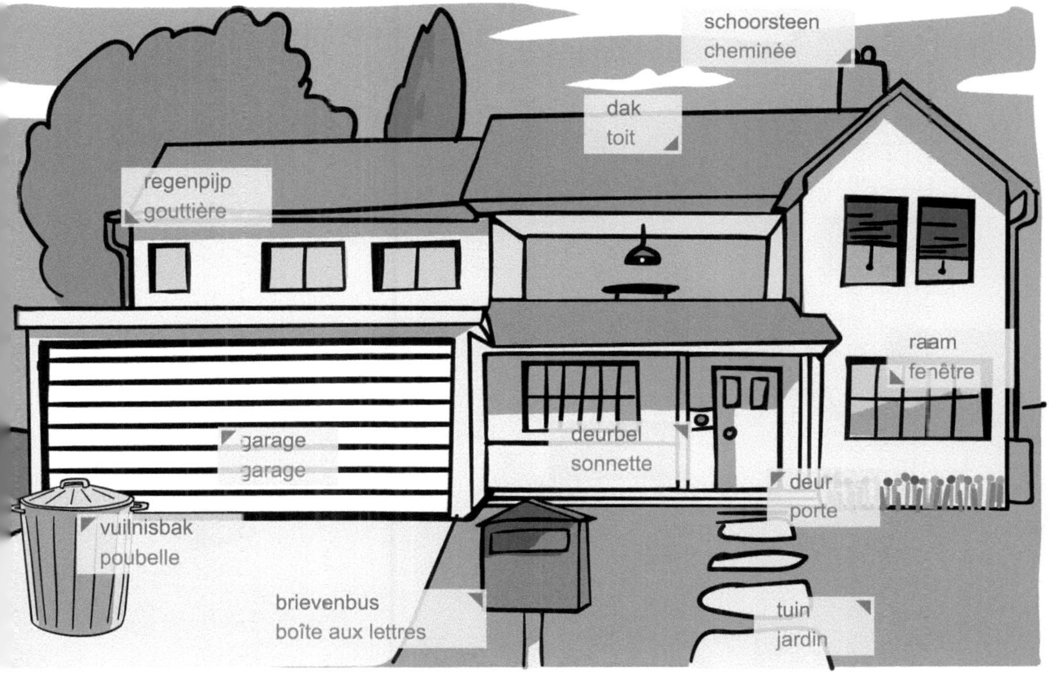
schoorsteen
cheminée
dak
toit
regenpijp
gouttière
raam
fenêtre
garage
garage
deurbel
sonnette
deur
porte
vuilnisbak
poubelle
brievenbus
boîte aux lettres
tuin
jardin

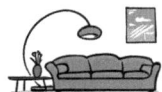

woonkamer

salon

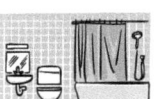

badkamer

salle de bain

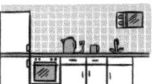

keuken

cuisine

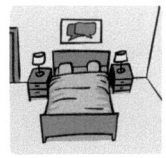

slaapkamer

chambre à coucher

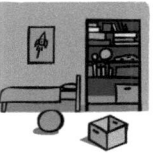

kinderkamer

chambre d'enfant

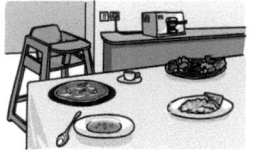

eetkamer

salle à manger

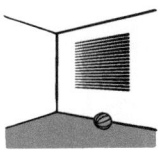

vloer
sol

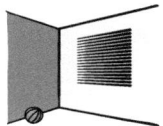

muur
mur

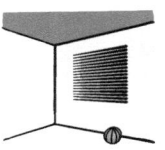

plafond
plafond

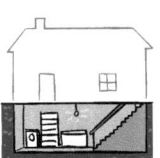

kelder
cave

sauna
sauna

balkon
balcon

terras
terrasse

zwembad
piscine

grasmaaier
tondeuse à gazon

dekbedovertrek
housse

dekbed
couette

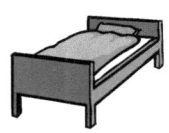

bed
lit

bezem
balai

emmer
sceau

schakelaar
interrupteur

woonkamer

salon

behangpapier
papier peint
foto
image
lamp
lampe
schap
étagère
kast
armoire
televisie
télé
open haard
cheminée
bloem
fleur
kussen
coussin
sofa
sofa
vaas
vase
afstandsbediening
télécommande

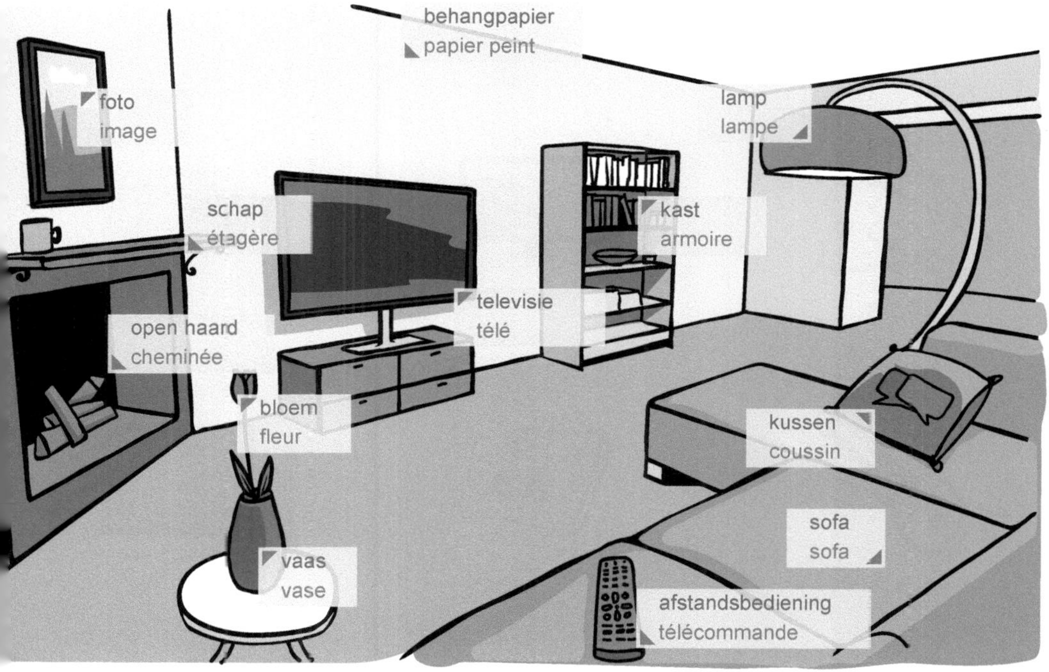

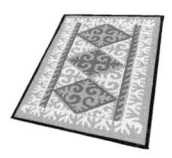

mat

tapis

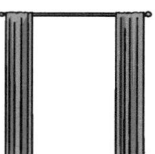

gordijn

rideau

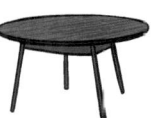

tafel

table

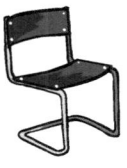

stoel

chaise

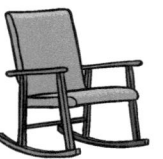

schommelstoel

chaise à bascule

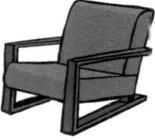

fauteuil

fauteuil

boek

livre

deken

couverture

decoratie

décoration

brandhout

bois de chauffage

film

film

stereo-installatie

chaîne hi-fi

sleutel

clé

krant

journal

schilderij

peinture

poster

poster

radio

radio

notitieboekje

bloc-notes

stofzuiger

aspirateur

cactus

cactus

kaars

bougie

keuken
cuisine

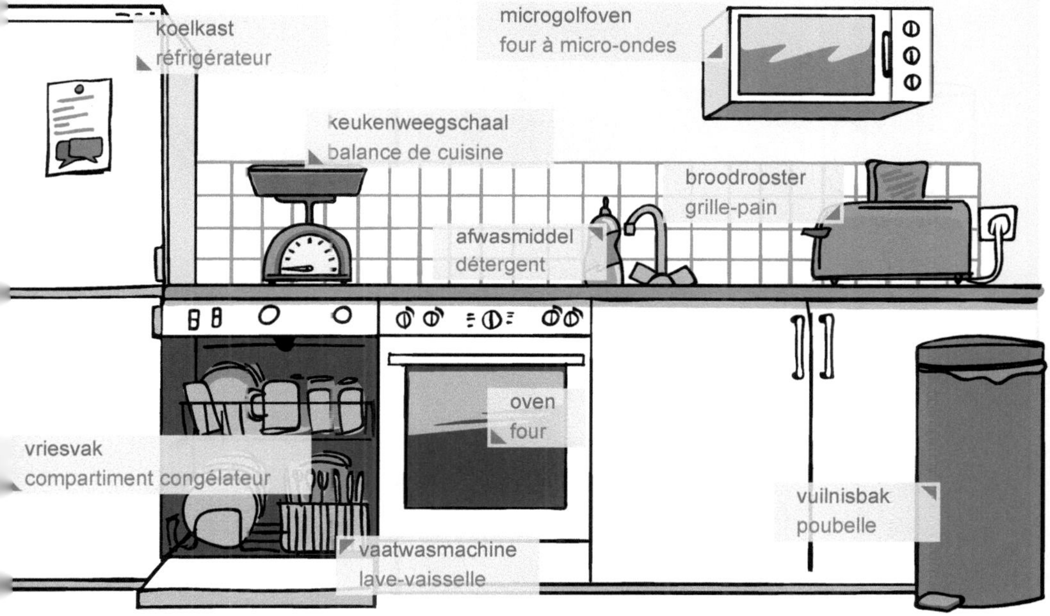
koelkast
réfrigérateur
microgolfoven
four à micro-ondes
keukenweegschaal
balance de cuisine
broodrooster
grille-pain
afwasmiddel
détergent
oven
four
vriesvak
compartiment congélateur
vuilnisbak
poubelle
vaatwasmachine
lave-vaisselle

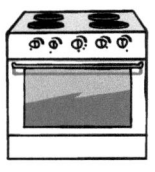

fornuis

four

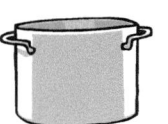

pot

casserole

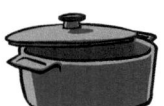

gietijzeren pot

marmite

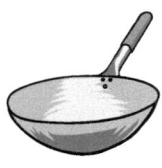

wok / kadai

wok / kadai

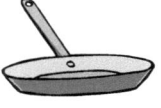

pan

poêle

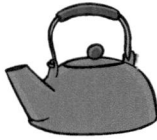

waterkoker

bouilloire electrique

stoomkoker

cuiseur vapeur

bakplaat

plaque de cuisson

servies

vaisselle

mok

gobelet

kom

coupe

eetstokjes

baguettes

pollepel

louche

spatel

spatule

garde

fouet

vergiet

passoire

zeef

tamis

rasp

râpe

mortier

mortier

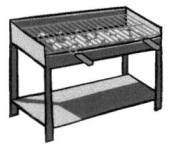

barbecue

barbecue

haardvuur

cheminée

snijplank

planche à découper

deegrol

rouleau à pâtisserie

kurkentrekker

tire-bouchon

blik

boîte

blikopener

ouvre-boîte

pannenlap

maniques

gootsteen

lavabo

borstel

brosse

spons

éponge

blender

mixeur

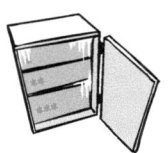

vriezer

congélateur

papfles

biberon

kraan

robinet

badkamer
salle de bain

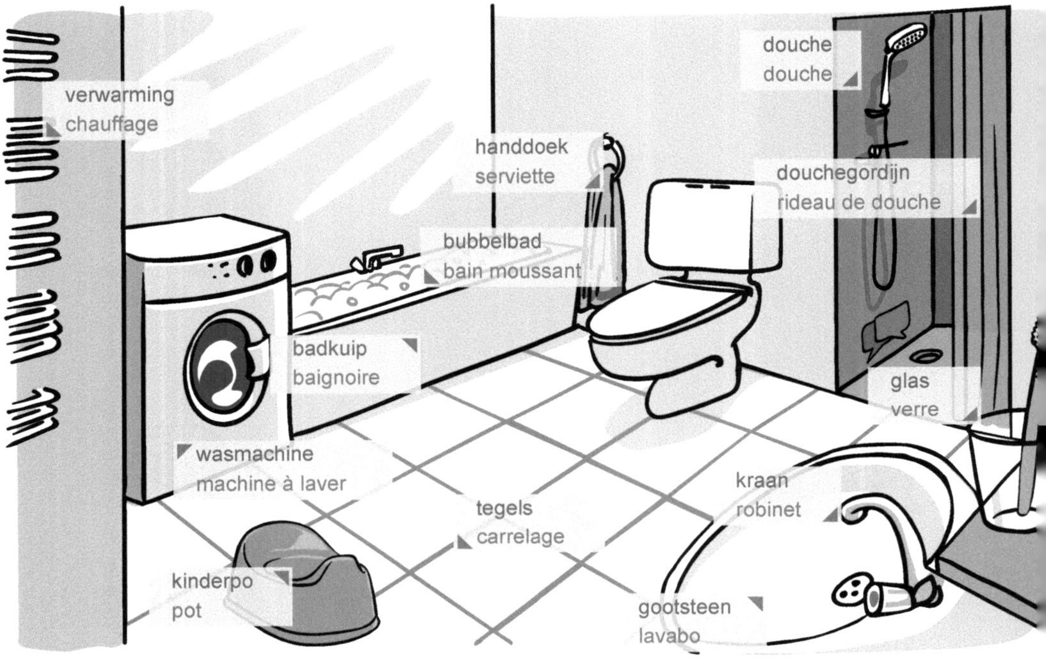

verwarming
chauffage
handdoek
serviette
douche
douche
douchegordijn
rideau de douche
bubbelbad
bain moussant
badkuip
baignoire
glas
verre
wasmachine
machine à laver
kraan
robinet
tegels
carrelage
kinderpo
pot
gootsteen
lavabo

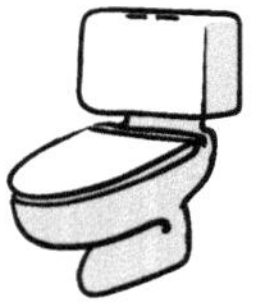

toilet

toilettes

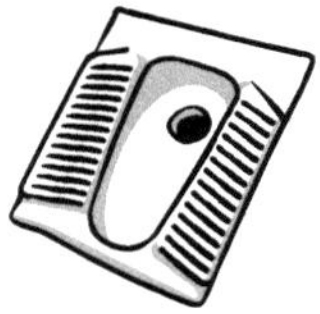

hurktoilet

toilette à la turque

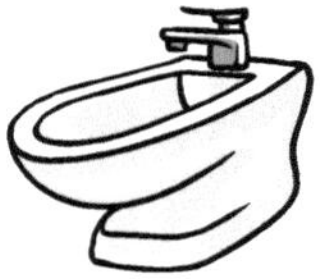

bidet

bidet

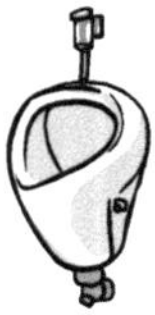

urinoir

urinoir

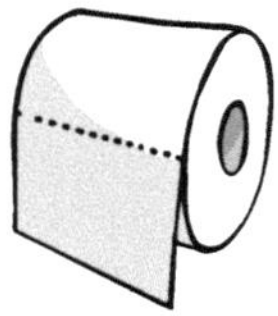

toiletpapier

papier toilette

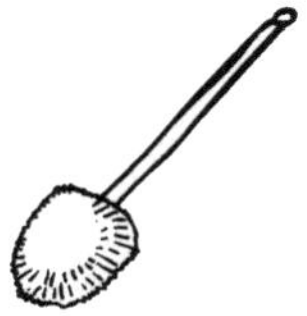

toiletborstel

brosse à toilette

tandenborstel

brosse à dents

tandpasta

dentifrice

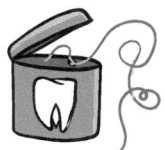

flosdraad

fil dentaire

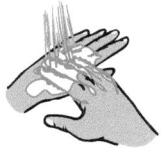

wassen

laver

handdouche

douche manuelle

bidethanddouche

douche intime

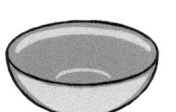

waskom

vasque

rugborstel

brosse dorsale

zeep

savon

douchegel

gel douche

shampoo

shampooing

washandje

gant de toilette

afvoer

écoulement

crème

crème

deodorant

déodorant

spiegel
miroir

handspiegel
miroir cosmétique

scheermes
rasoir

scheerschuim
mousse à raser

aftershave
après-rasage

kam
peigne

borstel
brosse

haardroger
sèche-cheveux

haarlak
laque pour cheveux

make-up
fond de teint

lippenstift
rouge à lèvres

nagellak
vernis à ongles

watten
ouate

nagelknipper
coupe-ongles

parfum
parfum

toilettas

trousse de toilette

kruk

tabouret

weegschaal

pèse-personne

badjas

peignoir

latex handschoenen

gants de nettoyage

tampon

tampon

maandverband

serviettes hygiéniques

chemisch toilet

toilette chimique

wekker
réveil

knuffel
doudou

speelgoedauto
voiture jouet

rammelaar
hochet

poppenhuis
maison de poupée

geschenk
cadeau

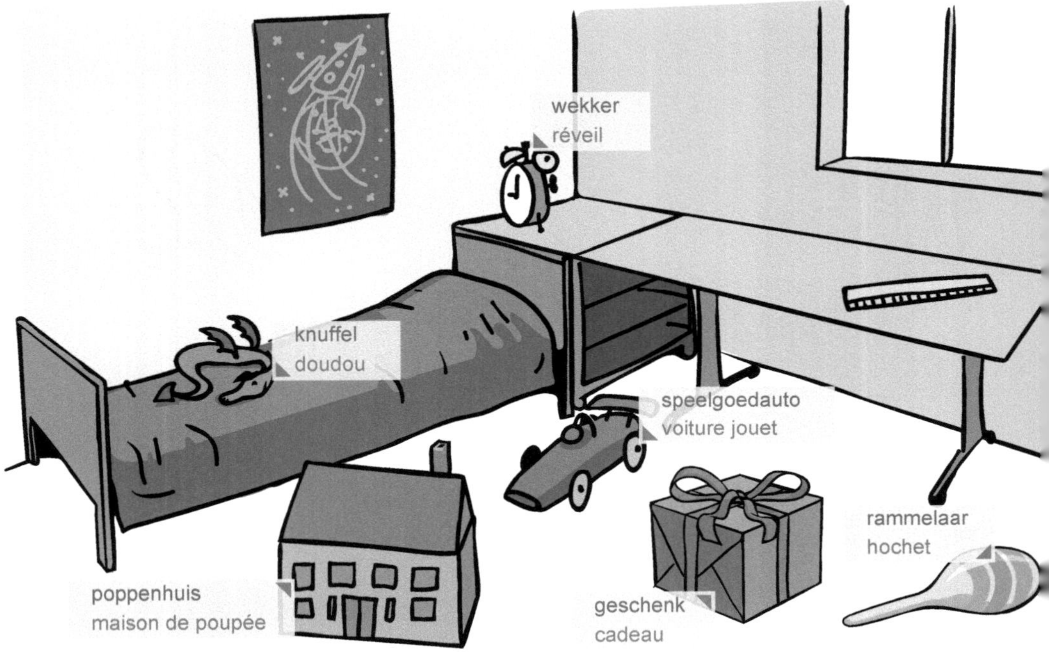

ballon

ballon

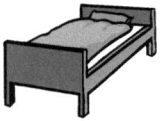

bed

lit

kinderwagen

poussette

spel kaarten

jeu de cartes

puzzel

puzzle

stripboek

bande dessinée

legoblokjes

pièces lego

blokken

blocs de construction

actiefiguur

figurine

kruippakje

grenouillère

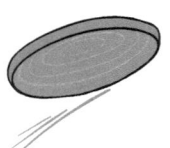

frisbee

frisbee

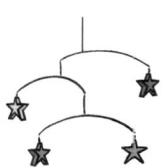

mobiel

mobile

bordspel

jeu de société

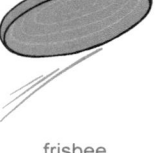

dobbelsteen

dé

modelspoorweg

train miniature

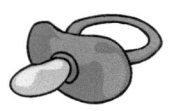

fopspeen

sucette

feest

fête

prentenboek

livre d'images

bal

balle

pop

poupée

spelen

jouer

zandbak

bac à sable

schommel

balançoire

speelgoed

jouets

spelconsole

console de jeu

driewieler

tricycle

knuffelbeer

ours en peluche

kleerkast

armoire

kleding

vêtements

sokken

chaussettes

maillot

collant

kousen

bas

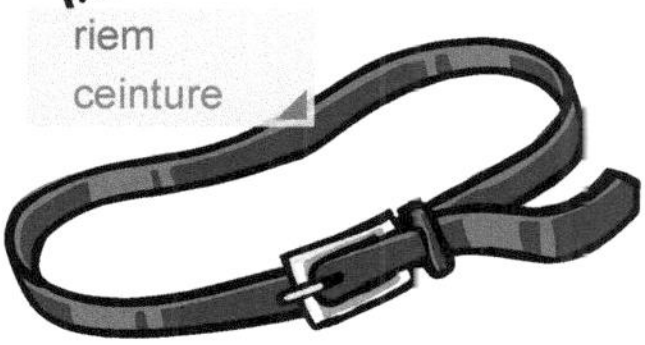

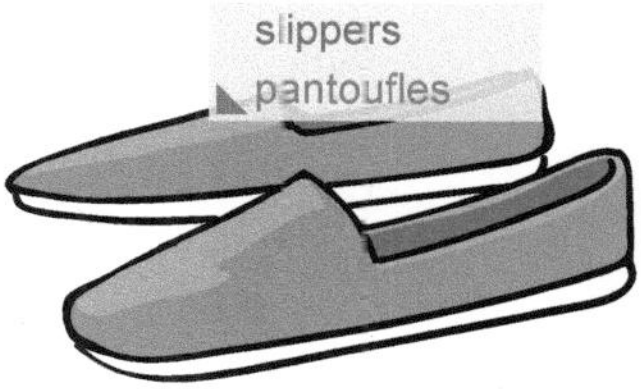

sjaal
écharpe

paraplu
parapluie

riem
ceinture

T-shirt
t-shirt

laarzen
bottes

slippers
pantoufles

sneakers
baskets

sandalen
....
sandales

schoenen
....
chaussures

rubberlaarzen
....
bottes de caoutchouc

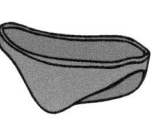

onderbroek
....
sous-vêtements

beha
....
soutien-gorge

onderhemd
....
maillot de corps

lichaam
body

broek
pantalon

jeans
jean

rok
jupe

blouse
chemisier

hemd
chemise

trui
pull

capuchontrui
sweat à capuche

blazer
veste

jas
veste

jas
manteau

regenjas
imperméable

kostuum
costume

jurk
robe

trouwjurk
robe de mariée

pak

costume

nachthemd

chemise de nuit

pyjama

pyjama

sari

sari

hoofddoek

foulard

tulband

turban

boerka

burqa

kaftan

caftan

abaya

abaya

badpak

maillot de bain

zwembroek

maillot de bain

short

short

trainingspak

tenue d'entraînement

schort

tablier

handschoenen

gants

knoop
bouton

bril
lunettes

armband
bracelet

ketting
collier

ring
bague

oorbel
boucle d'oreille

pet
bonnet

kapstok
cintre

hoed
chapeau

das
cravate

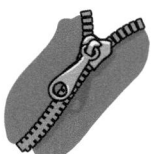

rits
fermeture éclair

helm
casque

bretellen
bretelles

schooluniform
uniforme scolaire

uniform
uniforme

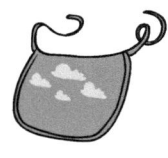

slabbetje

bavoir

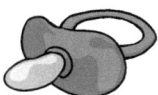

fopspeen

sucette

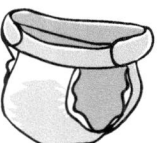

luier

lange

kantoor
bureau

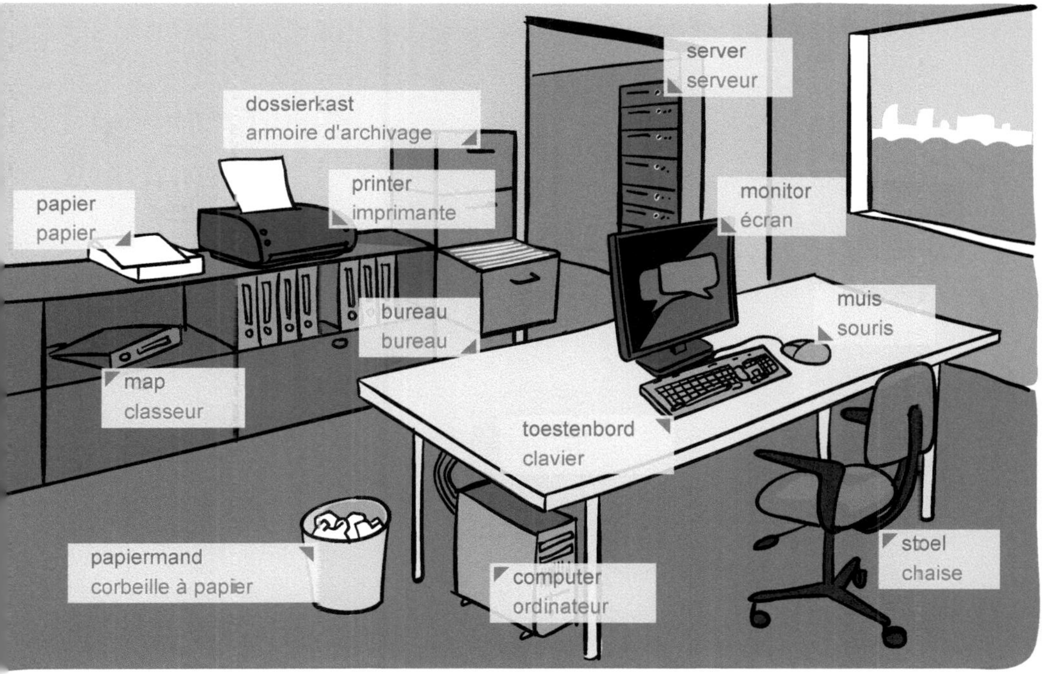

server
serveur
dossierkast
armoire d'archivage
printer
imprimante
papier
papier
monitor
écran
bureau
bureau
muis
souris
map
classeur
toestenbord
clavier
papiermand
corbeille à papier
computer
ordinateur
stoel
chaise

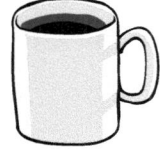

koffiemok

tasse de café

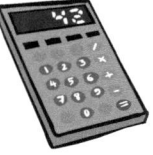

rekenmachine

calculatrice

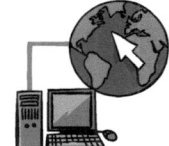

internet

internet

laptop
ordinateur portable

brief
lettre

bericht
message

gsm
portable

netwerk
réseau

kopieerapparaat
photocopieuse

software
logiciel

telefoon
téléphone

stopcontact
prise

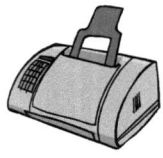

fax
fax

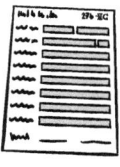

formulier
formulaire

document
document

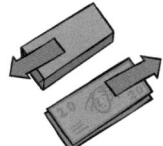

kopen
....
acheter

betalen
....
payer

handelen
....
faire du commerce

geld
....
monnaie

dollar
....
dollar

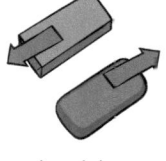

euro
....
euro

yen
....
yen

roebel
....
rouble

Zwitserse frank
....
franc suisse

Chinese renminbi
....
renminbi yuan

roepie
....
roupie

geldautomaat
....
distributeur automatique

wisselkantoor

bureau de change

goud

or

zilver

argent

olie

pétrole

energie

énergie

prijs

prix

contract

contrat

belasting

taxe

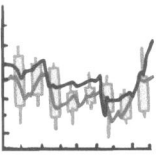

aandeel

action

werken

travailler

werknemer

employé

werkgever

employeur

fabriek

usine

winkel

magasin

beroepen
professions

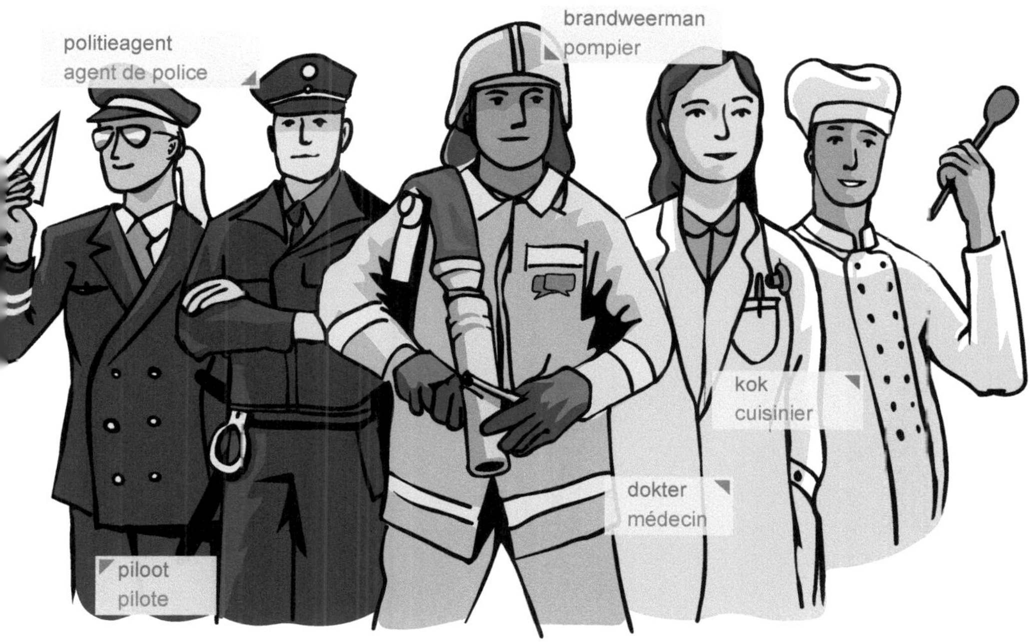
politieagent
agent de police
brandweerman
pompier
kok
cuisinier
dokter
médecin
piloot
pilote

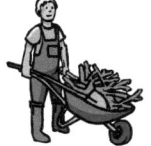

tuinman
jardinier

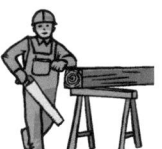

timmerman
menuisier

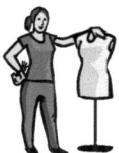

naaister
couturière

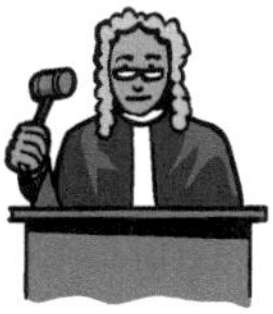

rechter
juge

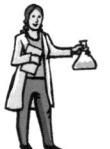

chemicus
chimiste

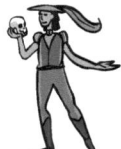

acteur
acteur

buschauffeur

conducteur de bus

taxichauffeur

chauffeur de taxi

visser

pêcheur

schoonmaakster

femme de ménage

dakdekker

couvreur

ober

serveur

jager

chasseur

schilder

peintre

bakker

boulanger

elektricien

électricien

bouwvakker

ouvrier

ingenieur

ingénieur

slager

boucher

loodgieter

plombier

postbode

facteur

soldaat
soldat

architect
architecte

kassier
caissie⁻

bloemist
fleuriste

kapper
coiffeur

conducteur
contrôleur

mecanicien
mécanicien

kapitein
capitaine

tandarts
dentiste

wetenschapper
scientifique

rabbijn
rabbin

imam
imam

monnik
moine

geestelijke
prêtre

werktuigen
outils

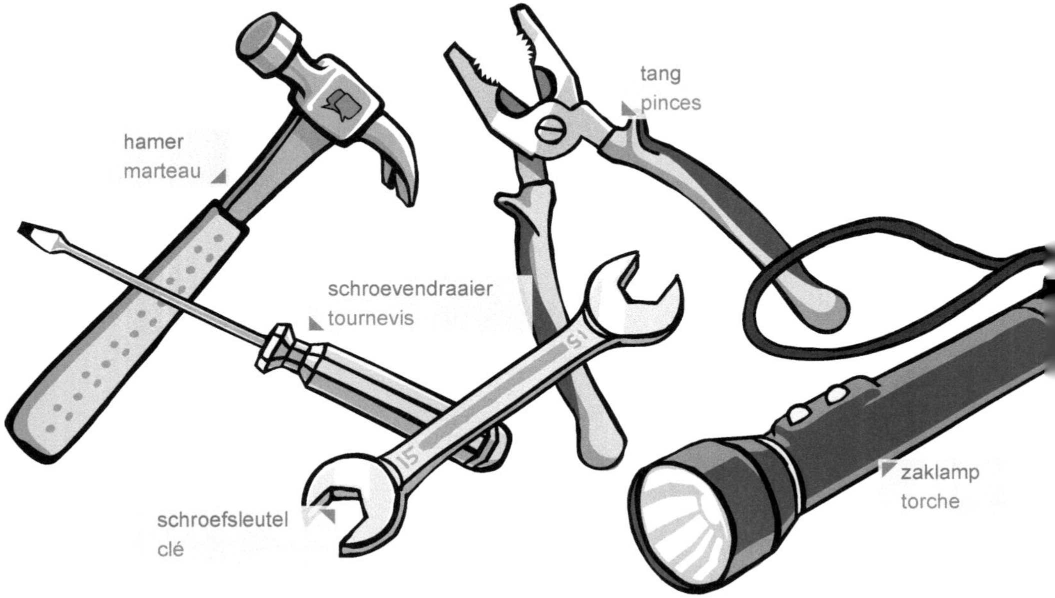
tang
pinces
hamer
marteau
schroevendraaier
tournevis
zaklamp
torche
schroefsleutel
clé

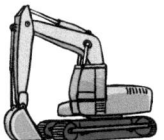

graafmachine

pelleteuse

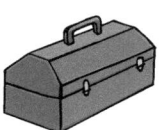

gereedschapskoffer

boîte à outils

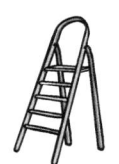

ladder

échelle

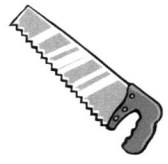

zaag

scie

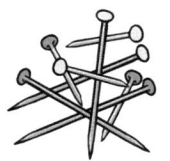

spijkers

clous

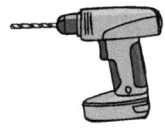

boormachine

perceuse

repareren
....
réparer

schop
....
pelle

Verdommǝ!
....
Mince !

blik
....
pelle

verfpot
....
pot de peinture

schroeven
....
vis

muziekinstrumenten
instruments de musique

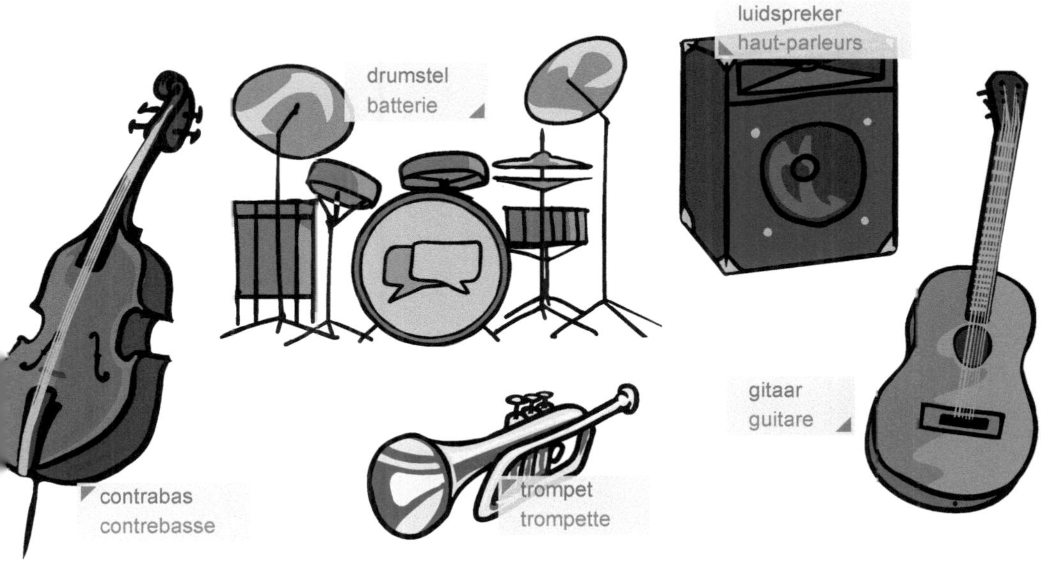

drumstel
batterie

luidspreker
haut-parleurs

gitaar
guitare

contrabas
contrebasse

trompet
trompette

piano
piano

viool
violon

basgitaar
basse

pauk
timbales

trommels
tambour

keyboard
piano électrique

saxofoon
saxophone

fluit
flûte

microfoon
microphone

tijger
tigre

ingang
entrée

kooi
cage

zebra
zèbre

diereneten
alimentation animale

panda
panda

dieren
animaux

olifant
éléphant

kangoeroe
kangourou

neushoorn
rhinocéros

gorilla
gorille

beer
ours

kameel

chameau

struisvogel

autruche

leeuw

lion

aap

singe

flamingo

flamand rose

papegaai

perroquet

ijsbeer

ours polaire

pinguïn

pingouin

haai

requin

pauw

paon

slang

serpent

krokodil

crocodile

dierenverzorger

gardien de zoo

zeehond

phoque

jaguar

jaguar

pony
poney

luipaard
léopard

nijlpaard
hippopotame

giraffe
girafe

adelaar
aigle

wild zwijn
sanglier

vis
poisson

zeeschildpad
tortue

walrus
morse

vos
renard

gazelle
gazelle

rugby
american Football

wielrennen
cyclisme

tennis
tennis

basketbal
basket-ball

zwemmen
natation

boksen
boxe

ijshockey
hockey sur glace

voetbal
football

badminton
badminton

atletiek
athlétisme

handbal
handball

skiën
ski

polo
polo

springen
sauter

lachen
rire

knuffelen
embrasser

wandelen
marcher

zingen
chanter

dromen
rêver

bidden
prier

kussen
faire la bise

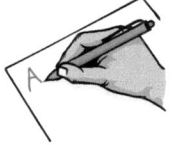

schrijven
écrire

tekenen
dessiner

tonen
montrer

duwen
pousser

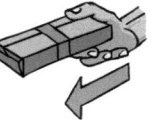

geven
donner

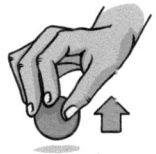

nemen
prendre

hebben

avoir

doen

faire

zijn

être

staan

être debout

lopen

courir

trekken

trier

gooien

jeter

vallen

tomber

liggen

être couché

wachten

attendre

dragen

porter

zitten

être assis

aankleden

s'habiller

slapen

dormir

ontwaken

se réveiller

kijken naar

regarder

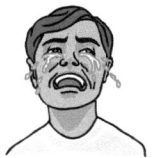

wenen

pleurer

aaien

caresser

kammen

peigner

praten

parler

begrijpen

comprendre

vragen

demander

luisteren

écouter

drinken

boire

eten

manger

opruimen

ranger

houden van

aimer

koken

cuire

rijden

conduire

vliegen

voler

zeilen

faire de la voile

rekenen

calculer

Lezen

lire

leren

apprendre

werken

travailler

trouwen

se marier

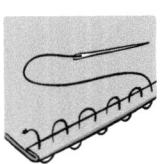

naaien

coudre

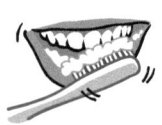

tandenpoetsen

brosser les dents

doden

tuer

roken

fumer

sturen

envoyer

familie
famille

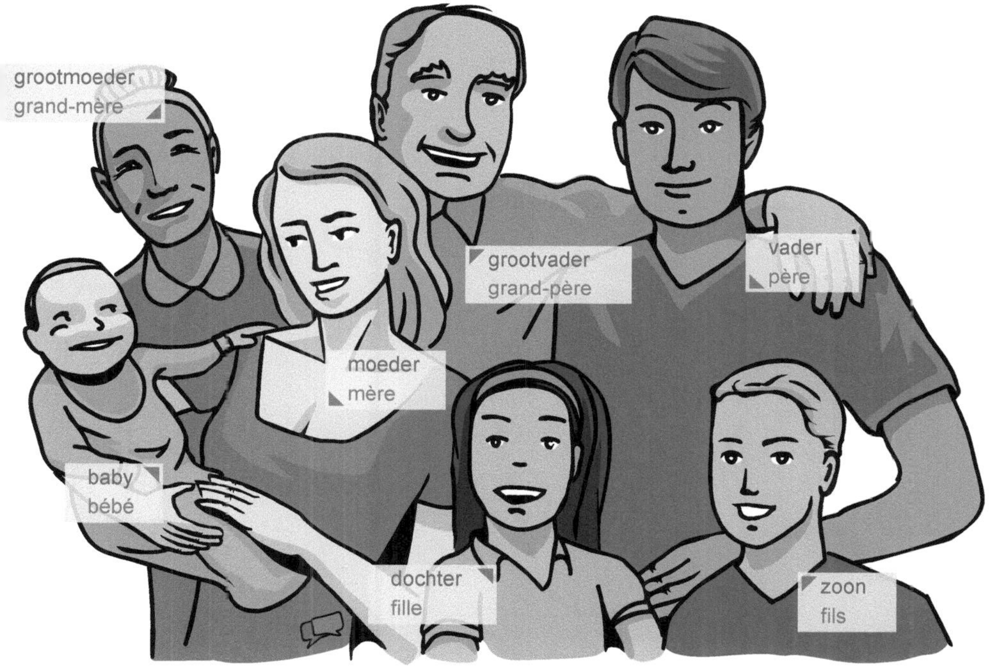

grootmoeder
grand-mère
grootvader
grand-père
vader
père
moeder
mère
baby
bébé
dochter
fille
zoon
fils

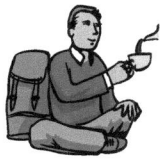

gast

hôte

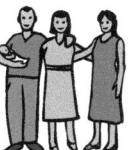

tante

tante

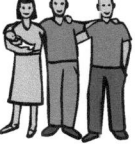

oom

oncle

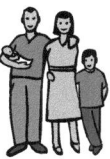

broer

frère

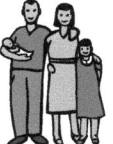

zus

sœur

lichaam
corps

voorhoofd
front
oog
œil
schouder
épaule
vinger
doigt
gezicht
visage
kin
menton
hand
main
been
jambe
borst
poitrine
arm
bras

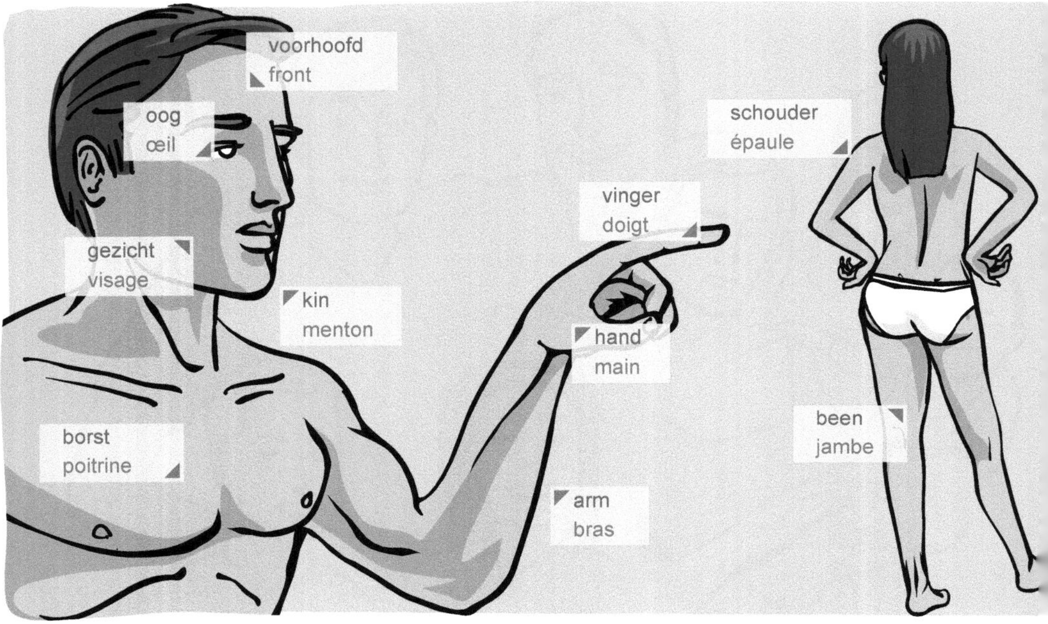

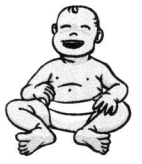

baby

bébé

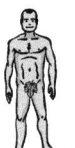

man

homme

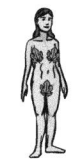

vrouw

femme

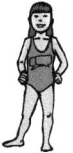

meisje

fille

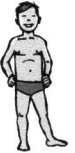

jongen

garçon

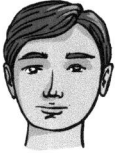

hoofd

tête

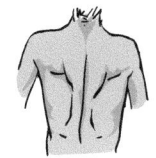

rug
dos

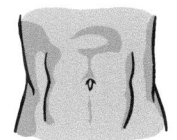

buik
ventre

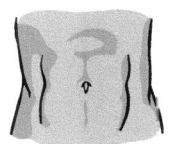

navel
nombril

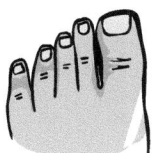

teen
orteil

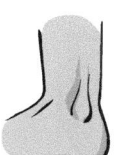

hiel
talon

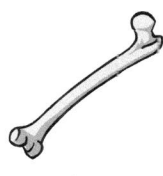

bot
os

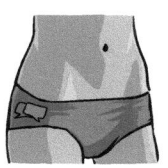

heup
hanche

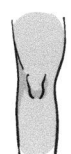

knie
genou

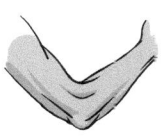

elleboog
coude

neus
nez

zitvlak
fesses

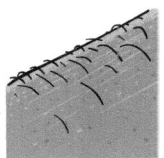

huid
peau

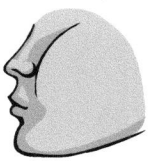

wang
joue

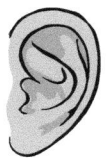

oor
oreille

lip
lèvre

mond
bouche

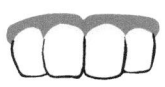

tand
dent

tong
langue

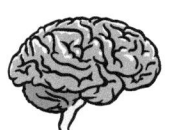

hersenen
cerveau

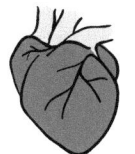

hart
cœur

spier
muscle

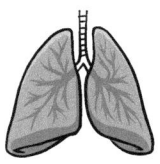

long
poumons

lever
foie

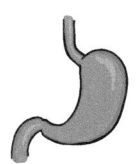

maag
estomac

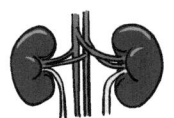

nieren
reins

seks
rapport sexuel

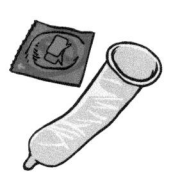

condoom
préservatif

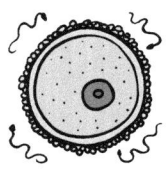

eicel
ovule

sperma
sperme

zwangerschap
grossesse

lichaam - corps

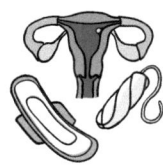

menstruatie

menstruation

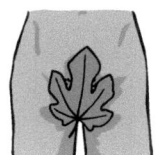

vagina

vagin

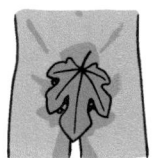

penis

pénis

wenkbrauw

sourcil

haar

cheveux

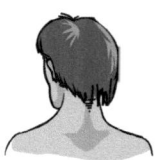

nek

cou

ziekenhuis
hôpital

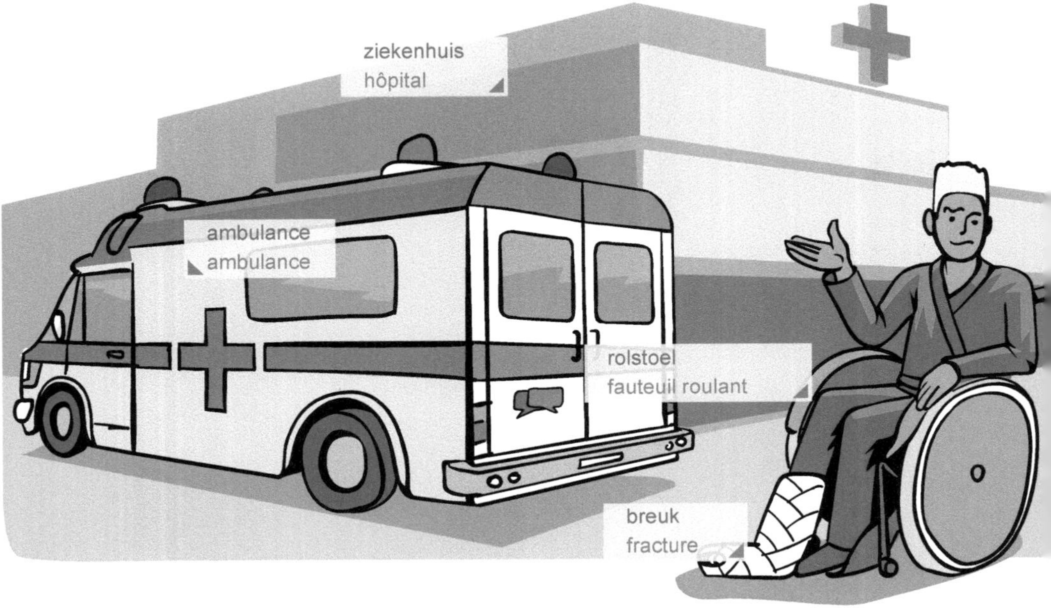

ziekenhuis
hôpital
ambulance
ambulance
rolstoel
fauteuil roulant
breuk
fracture

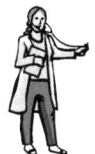

dokter

médecin

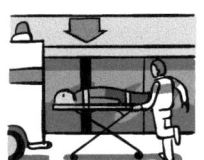

spoed

service des urgences

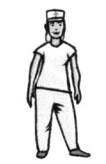

verpleegkundige

infirmière

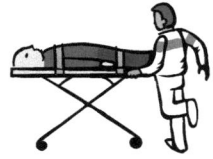

noodgeval

urgence

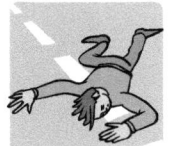

bewusteloos

inconscient

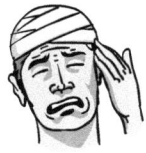

pijn

douleur

verwonding
blessure

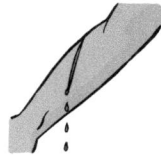

bloeding
hémorragie

hartaanval
crise cardiaque

beroerte
attaque cérébrale

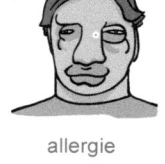

allergie
allergie

hoest
toux

koorts
fièvre

griep
grippe

diarree
diarrhée

hoofdpijn
mal de tête

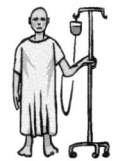

kanker
cancer

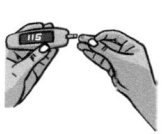

diabetes
diabète

chirurg
chirurgien

scalpel
scalpel

operatie
opération

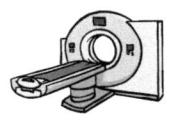

CT
CT

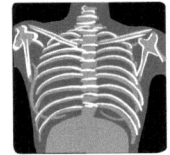

röntgenstraal
radiographie

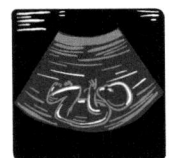

ultrageluid
échographie

gezichtsmasker
masque

ziekte
maladie

wachtkamer
salle d'attente

kruk
béquille

pleister
pansement

verband
pansement

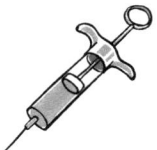

injectie
injection

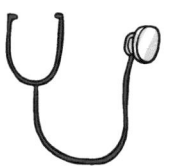

stethoscoop
stéthoscope

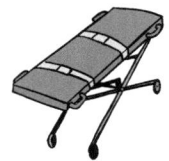

brancard
brancard

thermometer
thermomètre

geboorte
accouchement

overgewicht
surcharge pondérale

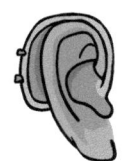

hoorapparaat

appareil auditif

ontsmettingsmiddel

désinfectant

infectie

infection

virus

virus

HIV / AIDS

VIH / sida

medicijn

médicament

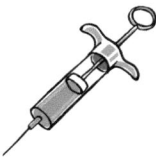

vaccinatie

vaccination

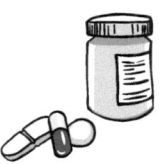

tabletten

comprimés

pil

pilule

noodoproep

appel d'urgence

bloeddrukmeter

tensiomètre

ziek / gezond

malade / sain

Help!

Au secours !

overval

assaut

alarm

alarme

aanval

attaque

gevaar

danger

nooduitgang

sortie de secours

Brand!

Au feu!

brandblusser

extincteur

ongeval

accident

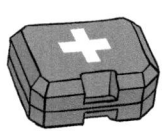

EHBO-kit

trousse de premier secours

SOS

SOS

politie

police

Europa

Europe

Noord-Amerika

Amérique du Nord

Zuid-Amerika

Amérique du Sud

Afrika

Afrique

Azië

Asie

Australië

Australie

Atlantische Oceaan

Océan atlantique

Stille Oceaan

Océan pacifique

Indische Oceaan

Océan indien

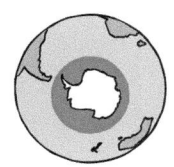

Antarctische Oceaan

Océan antarctique

Arctische Oceaan

Océan arctique

Noordpool

pôle nord

Zuidpool

pôle sud

Antarctica

Antarctique

aarde

terre

land

pays

zee

mer

eiland

île

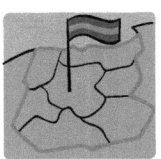

natie

nation

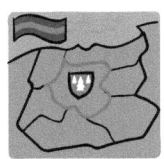

staat

état

wijzerplaat

cadran

uurwijzer

aiguille des heures

minuutwijzer

aiguille des minutes

secondewijzer

aiguille des secondes

Hoe laat is het?

Quelle heure est-il ?

dag

jour

tijd

temps

nu

maintenant

digitale horloge

montre digitale

minuut

minute

uur

heure

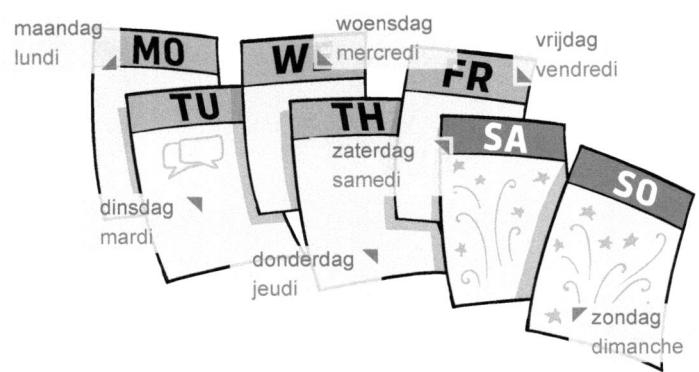

maandag / lundi
woensdag / mercredi
vrijdag / vendredi
dinsdag / mardi
donderdag / jeudi
zaterdag / samedi
zondag / dimanche

gisteren
hier

vandaag
aujourd'hui

morgen
demain

ochtend
matin

middag
midi

avond
soir

werkdagen
jours ouvrables

weekend
week-end

jaar

année

regen
pluie
regenboog
arc-en-ciel
wind
vent
sneeuw
neige
lente
printemps
herfst
automne
zomer
été
winter
hiver

4.APRIL 11°
5.APRIL 4°
6.APRIL 13°
7.APRIL 8°
8.APRIL 10°

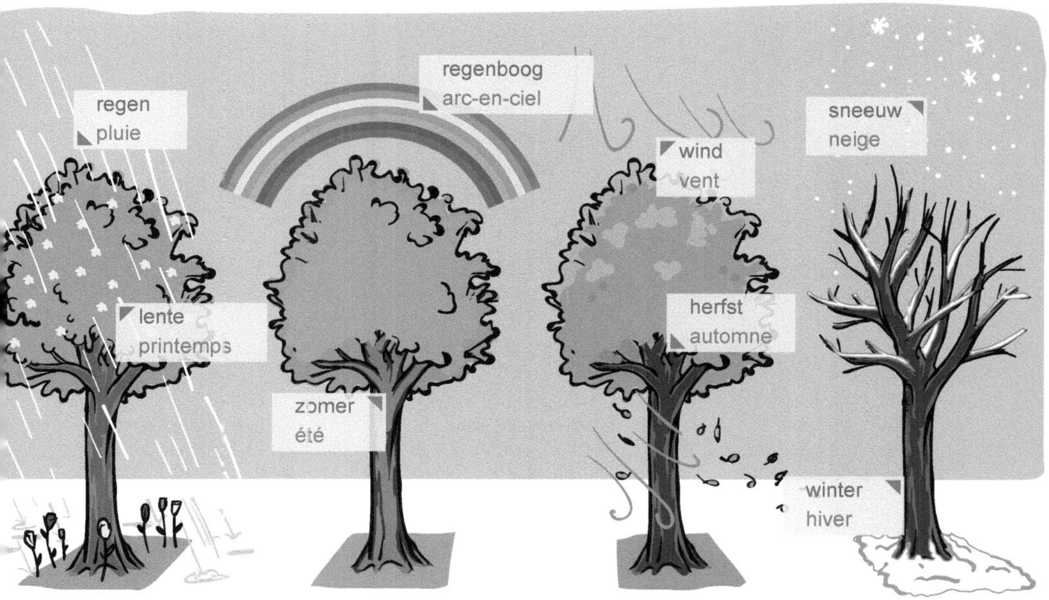

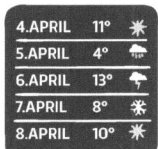

weervoorspelling

météo

F
C
120
90
60
30
0
-30
40
30
20
10
0
-10
-20

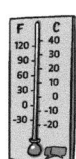

thermometer

thermomètre

zonneschijn

lumière du soleil

wolk

nuage

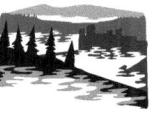

mist

brouillard

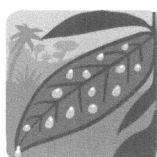

vochtigheid

humidité

bliksem

foudre

donder

tonnerre

storm

tempête

hagel

grêle

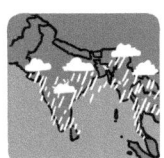

moesson

mousson

overstroming

inondation

ijs

glace

januari

janvier

februari

février

maart

mars

april

avril

mei

mai

juni

juin

juli

juillet

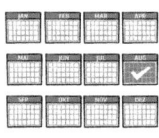

augustus

août

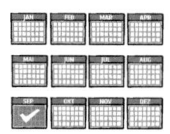

september
....
septembre

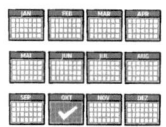

oktober
....
octobre

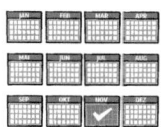

november
....
novembre

december
....
décembre

vormen

formes

cirkel
....
cercle

kwadraat
....
carré

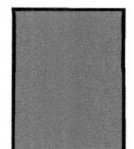

rechthoe‹
....
rectangle

driehoek
....
triangle

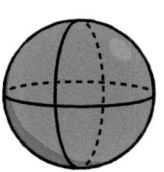

bol
....
sphère

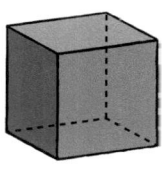

kubus
....
cube

kleuren
couleurs

wit

blanc

geel

jaune

oranje

orange

roze

rose

rood

rouge

paars

violet

blauw

bleu

groen

vert

bruin

marron

grijs

gris

zwart

noir

kleuren - couleurs

veel / weinig

beaucoup / peu

boos / kalm

fâché / calme

mooi / lel jk

joli / laid

begin / einde

début / fin

groot / klein

grand / petit

licht / donker

clair / obscure

broer / zus

frère / soeur

proper / vuil

propre / sale

volledig / onvolledig

complet / incomplet

dag / nacht

jour / nuit

dood / levend

mort / vivant

breed / smal

large / étroit

eetbaar / oneetbaar

comestible / incomestible

kwaadaardig / vriendelijk

méchant / gentil

opgewonden / verveeld

excité / ennuyé

dik / dun

gros / mince

eerst / laatst

premier / dernier

vriend / vijand

ami / ennemi

vol / leeg

plein / vide

hard / zacht

dur / souple

zwaar / licht

lourd / léger

honger / dorst

faim / soif

ziek / gezond

malade / sain

illegaal / legaal

illégal / légal

intelligent / dom

intelligent / stupide

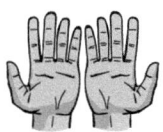

links / rechts

gauche / droite

dichtbij / veraf

proche / loin

nieuw / gebruikt

nouveau / usé

niets / iets

rien / quelque chose

oud / jong

vieux / jeune

aan / uit

marche / arrêt

open / dicht

ouvert / fermé

stil / luid

faible / fort

rijk / arm

riche / pauvre

juist / fout

correct / incorrect

ruw / glad

rugueux / lisse

droevig / blij

triste / heureux

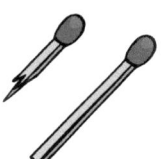

kort / lang

court / long

traag / snel

lent / rapide

nat / droog

mouillé / sec

warm / koud

chaud / froid

oorlog / vrede

guerre / paix

tegengestelden - oppositions

0

nul

zéro

1

één

un / une

2

twee

deux

3

drie

trois

4

vier

quatre

5

vijf

cinq

6

zes

six

7

zeven

sept

8

acht

huit

9

negen

neuf

10

tien

dix

11

elf

onze

12
twaalf

douze

13
dertien

treize

14
veertien

quatorze

15
vijftien

quinze

16
zestien

seize

17
zeventien

dix-sept

18
achtien

dix-huit

19
negentien

dix-neuf

20
twintig

vingt

100
honderd

cent

1.000
duizend

mille

1.000.000
miljoen

million

Engels

anglais

Amerikaans Engels

anglais américain

Chinees (Mandarijn)

chinois mandarin

Hindi

hindi

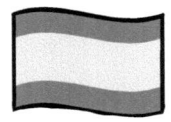

Spaans

espagnol

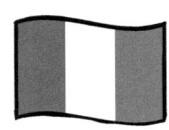

Frans

français

Arabisch

arabe

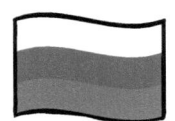

Russisch

russe

Portugees

portugais

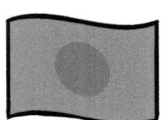

Bengali

bengali

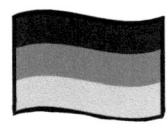

Duits

allemand

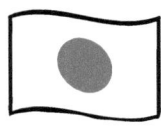

Japans

japonais

ik
je

u
tu

hij / zij / het
il / elle / ce, c', cela

wij
nous

u
vous

ze
ils / elles

wie?
Qui ?

wat?
Quoi ?

hoe?
Comment ?

waar?
Où ?

wanneer?
Quand ?

naam
nom

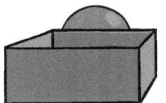

achter

derrière

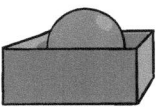

in

dans

voor

devant

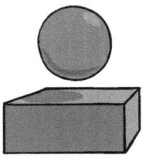

boven

au-dessus

op

sur

onder

en-dessous

naast

à côté de

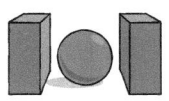

tussen

entre

plaats

lieu